W9-ATF-136

| DATE DUE | | |
|---|---|---|
| | | |
| | | |
| | | |
| | | |
| | | |
| | | |
| | | |
| | | |
| | | |
| | | |
| | | |

# MARIQUITAS
# LADYBUGS

INSECTOS (Descubrimientos)
INSECTS DISCOVERY LIBRARY
Jason Cooper

Rourke Publishing LLC
Vero Beach, Florida 32964

© 2006 Rourke Publishing LLC

www.rourkepublishing.com

PHOTO CREDITS: Cover, p. 4, 10, 11 © James H. Carmichael; title page, p. 16, 17, 18, 20, 21 © Joyce Gross; p. 8, 13 © James P. Rowan; p. 9 © Alex Wild; p. 22 © Lynn M. Stone

Title page: Una mariquita busca áfidos en una hoja.

**Library of Congress Cataloging-in-Publication Data**

Cooper, Jason, 1942-
  [Ladybugs. Spanish/English Bilingual]
  Mariquitas / Jason Cooper.
     p. cm. --  (Insectos (descubrimientos))
  ISBN 1-59515-654-2 (hardcover)
  1. Ladybugs--Juvenile literature.  I. Title.
QL596.C65C6618 2006
595.76'9--dc22
                              2005022785

**Impreso en los Estados Unidos**

Rourke Publishing

www.rourkepublishing.com – sales@rourkepublishing.com
Post Office Box 3328, Vero Beach, FL 32964
1-800-394-7055

# CONTENIDO/TABLE OF CONTENTS

# Mariquitas

Las mariquitas son una clase de escarabajo. Los escarabajos incluyen una familia grandísima de **insectos**.

El par de alas delanteras de los escarabajos son duras. Doblan sus dos alas traseras cuando no están volando.

# Ladybugs

Ladybugs are a kind of beetle. Beetles make up a huge family of **insects**.

Beetles have a pair of hard front wings. They fold over their two back wings when they are not flying.

*Un escarabajo mariquita se posa en una flor.*

*A ladybug perches on a flower.*

Casi 150 clases de escarabajos mariquitas viven en los Estados Unidos. Casi todas son anaranjadas o amarillas con manchas negras.

Una mariquita tiene la forma de un domo brillante bien pequeñito. Varias mariquitas podrían pararse en una moneda.

About 150 kinds of ladybug's live in the United States. Most are orange or yellow with black spots.

A ladybug is shaped like a very small, shiny dome. Several little ladybugs could stand on one dime.

*Most ladybugs have black spots.*

*Casi todas las mariquitas tienen manchas negras.*

Una mariquita tiene seis patas. Tiene dos pares de alas. Tiene dos **antenas** en su cabeza.

Las mariquitas viven en bosques. También viven en praderas y en jardines. ¡A veces entran a las casas!

A ladybug has six legs. It has two pair of wings. It has two **antennas** on its head.

Ladybugs live in woodlands. They live in meadows. They live in gardens. Sometimes they even crawl into houses!

*Esta mariquita nos enseña sus antenas.*

*This ladybug shows its antennas.*

# Comida de Las Mariquitas

No le tenemos miedo a las mariquitas. Pero unos insectos llamados **áfidos** sí deberían tenerles miedo.

¡Las mariquitas se comen a los áfidos como si fueran palomitas de maíz! Durante su corta vida, una mariquita puede comerse unos 5,000 áfidos.

# Ladybug Food

We are not afraid of ladybugs. But insects called **aphids** should be.

Ladybugs gobble up aphids like popcorn! In its short lifetime one ladybug can eat 5,000 aphids.

*Una mariquita se come un áfido.*　　　　　*A ladybug eats an aphid.*

Las mariquitas también se comen insectos escamosos.
A casi todos los animales grandes no les gusta comer mariquitas porque no tienen un buen sabor.

Ladybugs also eat scale insects.

Most big animals do not like to eat ladybugs. Ladybugs have a bad taste.

## ¿supiste tú?

*Granjeros compran mariquitas para soltar en sus plantíos. Las mariquitas se comen los insectos que se comen la cosecha de los granjeros.*

## Did You Know?

Ladybugs eat the insects that eat the farmers' crops.

*Esta mariquita asiática ha encontrado un insecto para comer.*

*This ladybug is eating an insect.*

# Siendo una Mariquita

Mariquitas pueden volar una distancia corta. Casi siempre están con sus patas y antenas contraídas.

# Being a Ladybug

Ladybugs may fly a short distance. More often, they just pull in their legs and antennas.

*A ladybug may choose to "hide" instead of fly.*

*Una mariquita puede escojer "esconderse" en vez de volar.*

En el otoño, a veces las mariquitas viven juntas. Pueden haber hasta unas 40 milloñes de mariquitas en el mismo lugar.

Algunas mariquitas duermen durante el invierno. A esto se le llama **hibernación**.

Ladybugs sometimes live together in the fall. As many as 40 million ladybugs may be in the same place.

Some ladybugs sleep winter away. This is called **hibernation**.

*Una mariquita estira sus dos alas traseras.*

*A ladybug stretches its two hind wings.*

*Las mariquitas se juntan en el otoño.*

*Ladybugs gather in the fall.*

# Mariquitas Pequeñas

Durante su vida una mariquita puede depositar 300 huevos. Los huevos eclosionan después de 3 a 5 días. El bebé es un insecto pequeño que camina arrastrándose. Esta etapa de la vida de una mariquita se le llama la **larva**.

# Young Ladybugs

During her lifetime a ladybug may lay 300 eggs. The eggs hatch after 3 to 5 days. The baby is a tiny crawling insect. This stage of ladybug life is called the **larva**.

*Una larva de mariquita no se parece a la adulta.*

*A ladybug larva looks little like an adult.*

Las larvas de las mariquitas comen áfidos por dos o tres semanas. Cada larva entonces se convierte en una **pupa**.

Una mariquita pasa de 7 a 10 días como una pupa. Sale de su cascarón de pupa como un insecto adulto.

*Una mariquita está parada en la piel de su pupa. Las manchas negras aparecerán en su espalda el próximo día.*

*A ladybug stands on its pupa skin.*

Ladybug larva eat aphids for two or three weeks. Each larva then changes into a **pupa**.

A ladybug spends about 7 to 10 days as a pupa.

*Una mariquita adulta sale de la piel de su pupa.*

*An adult ladybug wriggles out of its pupa skin.*

# GLOSARIO/GLOSSARY

**antenas** (an TEH naz) — objetos parecidos a hilos que están en la cabeza de un insecto; ayudan al insecto para sentir lo que lo rodea y también para oler y escuchar
**antennas** (an TEN uhz) — thread-like objects on an insect's head; they act as "feelers" and help an insect smell and hear

**áfidos** (AI I fih doz) — insectos pequeños que comen plantas
**aphids** (AY fidz) — tiny insects that eat plants

**hibernación** (yh ber nah CION) — cuando se duerme por la estación de invierno
**hibernation** (HY bur NAY shun) — a long winter sleep

**insectos** (in SEK toz) — pequeños animales sin huesos que tienen seis patas
**insects** (IN SEKTZ) — small, boneless animals with six legs

**larva** (LAR vah) — una etapa en la vida de un insecto antes de que se convierte en un adulto
**larva** (LAR vuh) — a stage of an insect's life before it becomes an adult

**pupa** (PU pah) — la etapa quieta y final para algunos insectos, antes de que se convierten en insectos adultos
**pupa** (PYU puh) — the quiet, final stage of life for some insects before they become adults

*Un escarabajo arlequín es uno de las 350,000 clases de mariquitas.*

*A harlequin beetle is one of the ladybug's cousins.*

# INDEX

## Lecturas adicionales/Further Reading

Godkin, Celia. *What about Ladybugs?* Sierra Club, 1998

Schwartz, David M. *Ladybug*. Gareth Stevens, 2001

## Páginas en el internet/Websites to Visit

http://www.co.fairfax.va.us/parks/resources/archives/ladybugs.htm

http://www.enchantedlearning.com/subjects/insects/Ladybug.shtml

## Acerca del Autor/About the Author

Jason Cooper ha escrito muchos libros infantiles para Rourke Publishing sobre una variedad de temas. Cooper viaja a menudo para recolectar información para sus libros.

Jason Cooper has written many children's books for Rourke Publishing about a variety of topics. Cooper travels widely to gather information for his books.